Dieses Buch erzählt von einer Kindheit in der Bäume, Bücher und Wind die einzig verfügbaren Freunde sind und wie ein Kind unter solchen Umständen überlebt. Es benennt die tiefen Verletzungen der Persönlichkeit und schließlich, im Rahmen einer Psychotherapie, die Verarbeitungs- und Heilungsprozesse, die nötig sind um eine Nachreifung des Selbst zu ermöglichen. Um am Ende entdecken zu können, wie schön das Leben ist.

Ein wahrhaftes, ein berührendes Dokument einer Entwicklung, das es dem Leser leicht macht zu folgen, denn die Geschichte wird in minuziös beobachteten Schritten erzählt.

Schlüssiger als mancher Roman.

Mit einem Nachwort von Beate Steiner, Psychoanalytikerin.

Lore Reich, geboren 1965 in Kiel, führt seit ihrer Jugend kontinuierlich Tagebuch. Daraus entstanden kurze Texte und letztendlich die Gedichte.

„Besondere Jahre - In Gedichten erzählt" ist ihr erstes Buch.

Sie lebt heute mit ihren Partner in Darmstadt.

Lore Reich

Besondere Jahre

In Gedichten erzählt

Bibliografische Information der Deutschen Nationalbibliothek: Die Deutsche Nationalbibliothek verzeichnet diese Publikation in der Deutschen Nationalbibliografie; detaillierte bibliografische Daten sind im Internet über dnb.dnb.de abrufbar.

© 2016 Lore Reich

Umschlag: Lore Reich fotografiert von Christiane Felger

Herstellung: BoD – Books on Demand, Norderstedt

ISBN 9783739215600

Besondere Jahre

Die Jahre
als Schuhe noch Boote waren
und wir den Tag befuhren

Tage ohne Zeiger

Die Jahre
als Knöpfe noch Schätze waren
und wir - Piraten

Jeder Tag ein Leben

Die Jahre
als unsere Seelen belichtet wurden wie Film
tiefste Bilder lebenslang

Ohne unser Wissen

I.

Frisch geschlüpft

nackt

trotz Eltern
verwaist

verwirrt
trotz Körper

niemand da

Zuhause

Aufwachsen im Alp
Schwarz-weißes Gebrüll
Riesen im Wahn

Ich, die nicht versteht
die nicht folgt
die nicht weiß
was zu tun ist und warum

Ich, die nicht weiß
was gleich kommt
die nie weiß
was gleich kommt

Verkriechen, klein machen
auf bessere Zeiten hoffen
Ohne zu wissen
was das ist

Bericht an niemand

Worte wie Schwerter
er schlägt mich

Er schlägt mich
kurz und klein

Haut unverletzt
die Seele

ein Krüppel

Der Vater

Feuerspeiender Vulkan voller
Hass und Verzweiflung

Zu Fremden
ist er freundlich

Warum
wendet er die Farbe
die Farbe seines Blutes
gegen mich?

Generationenrätsel

Unlösbar für
ein Kind

Die Mutter

Wartend auf dass
was nicht kommt

entlang hangelnd am
Faden Hoffnung so
dünn selbst gesponnen
eigenes Fleisch, eigene Spucke

Wartend auf dass
was nie kommt

verhungern dabei

sitzt auf dem Sofa
ein kleines Skelett
direkt neben dem großen Kissen

Viele

Wie hält man sich warm
wenn man ganz alleine ist
schon
von Anfang an?

Man teilt sich auf
man teilt sich auf in Viele
und reibt sich
mit den kalten, kleinen Händen

Mit wem spricht man
wenn man ganz alleine ist
schon
von Anfang an?

Man teilt sich auf
man teilt sich auf in Viele
und streitet
mit den harten, hohen Stimmen

Die Kunst des Überlebens

is	te	in
eH	oh	eD

as	Le	be
nm	us	sz
er	sc	hn

| it | te | nw |
| er | de | nD |

| as | Le | be |
| nm | us | sg |

| eh | al | te |

| nw | er | de |
| nD | as | Le |

be	nm	us
sg	et	re
nn	tg	eh

| al | te | nw |
| er | de | nF |

ei	ne	Sc
he	ib	en
Al	le	se

| in | ze | ln |

Wünsche

Mein Fleisch will von den Knochen fallen
damit die Qual ein Ende hat

Mein Hirn will aus dem Schädel platzen
damit die Angst ein Ende hat

Mein Herz will in der Erde schlafen
damit der Schmerz ein Ende hat

damit der Schmerz
ein Ende hat.

Gesellschaft

Der Wind ist ein Freund
der Baum ist ein Freund
und der weite, grüne Rasen

Ich laufe
den ganzen Tag

Ich spiele
für mich

Abends kehre ich heim

Das Buch ist ein Freund
das Bett ist ein Freund
und die weiße, kühle Wand

Abseits

Ich stehe und schaue

Die Kinder sie
spielen miteinander sie
wissen wie es geht

Ich stehe und schaue

Eins greift ins Andere
unsichtbare Räder
laufen rund

Ich aber ich
bin eckig

Schule ist nicht schwer

Nur die Pausen

Trost los

Ich komme heim von der Schule
die kranke Mutter hat gekocht

Wir sitzen über Eck
ihre Tränen fallen in die Suppe

Ich kann nicht
Ich kann nicht

Einladend

Ich möchte schlafen
nie mehr erwachen

Der Tod
ist ein Himmelbett

Ganz in Weiß.

Inseln

Ich verbringe den Tag
in einem Buch

Dort
bin ich glücklich

Die Damen der Bücherei
sind sehr freundlich

Sie sehen mich jede Woche

Schwer beladen

Langer Atem

Angst ist mein tägliches Brot
Einsamkeit mein Getränk

Ich rette meinen Körper durch die Zeit

Tief innen
weigert sich ein Kind
zu sterben

Ein Kind
das niemand ruft
und niemand sieht

Ein Kind
das keinen Grund hat
nicht den Allerkleinsten

hofft

II.

Außer Takt

Winter in mir
Raureif bedeckt mein Gesicht
starr und gefroren die Landschaft

Draußen
startet ein Heer
von Knospen

Artgenossen

Zwischen den Netzen
falle ich
rufend

Alle weben
niemand
hört

Mobile

Mein Ich ist ein
brüchiges Ding

in Fetzen
hängen wir
in Fetzen

Wind pfeift hindurch

jeder Wind
pfeift hindurch
wirbelt uns

durcheinander

Wieder und wieder

Fallen
der Sturz durch den Tag

Ein Schrei
der nie verklingt

Es ist
in allen Zellen

Überall

Seine Augen
Spiegel hätten sie sein sollen
in Liebe getaucht

Gerichtet haben sie
gnadenlos

In Angst gehüllt
in diese kalte Decke
versuche ich
zu leben

Um mich
in fremden Köpfen thronen
Vaters Augen

Spiegel hätten sie sein sollen
in Liebe getaucht

Absolut

Die Schwache, Kranke
die nicht kann
die nie kann

Die Strenge, Kalte
die herrscht
und befiehlt

Janusköpfige Mutter

Kein Blick
nicht ein Blick
für mich

Kein Wort

Kein Wort will ich sagen
keine Wahrheit benennen
ihre gläserne Seele
ist zu gut bekannt

Kein Wort will sie hören
keine Wahrheit erdulden
die Ohren verschlossen
den Blick abgewandt

Kein Wort wird es geben
keine Wahrheit befreien
ein Treffen unmöglich
die Hoffnung verbrannt

Das Fest

Ich stehe da
mit leersten Händen
Alle Jahre wieder

Angeschlagenes zerbricht
Schmerz brennt mich
langsam durch den Tag

Weihnachten
Fest der Liebe
Alle Jahre wieder

Freier Fall

Ich hasse mich

Ich bin schlecht, verdorben
trage tief im Körper
ein Geschwür

Ich hasse mich

Ich bin ein Feind, verlogen
im Schaden unersättlich
voller Gier

Ich hasse mich

So
wie er mich
gehasst

Akut

Angstfrisstmein
HerzAngstfrisstmein
Hirnfrisstmeinen
Mundfrisstmeine
AugenAngstfrisst
allesanmir
allesalles
alles

Alp (nachts)

An einem Haken aufgehängt
frei schwebend in der Nacht
ich blutiges Bündel Seele

Unten die Hunde
heulend

Nachttaggleiche

Die Nacht macht sich zum Tag
das Kind ist groß und rot und schreit
es deutet auf den Vater

*Nicht ich, nicht ich zerschlug den Tag
der Vater brach den Himmel*

Die Angst frisst Tag und scheißt die Nacht
die Nacht ist hell und voller Schrecken

Zeit krümmt sich und erbricht

Auf Messers Schneide

Die Welt verliert an Farbe
　ich werde mich entscheiden müssen

Der Schmerz gewinnt das Spiel
　ich werde mich entscheiden müssen

Zeit krümmt sich und erbricht
　alleine ist es nicht zu schaffen

III.

Tollkühn

Wie vertrauen wenn
niemand vertraut

Wie erzählen wenn
nie gehört

Wie sich zeigen wenn
nie gesehen

Der erste Schritt
ist kein Schritt
es ist ein Sprung

kopfüber
ins Unbekannte

Der Weg zu den Menschen

Ich mache mich auf
Der Weg zu den Menschen
Millimeter für Millimeter

Die Angst ist groß
Die Scham
Der Weg zu den Menschen

Ich finde jemand
Sie lehrt mich
ein schweres Ding

Sie lehrt mich Vertrauen
Millimeter für Millimeter
Der Weg zu den Menschen

Ich mache, so schnell ich kann
Der Weg zu den Menschen
ist lang

für B.K.

Notfallplan

Anklammern an den Moment
als sei es das Einzige
was zählt

Die Gedanken zähmen
reißende Tiger
das gefährliche „Waswirdwenn"

Anhalten
nur das Pflaster unter dem Fuß
ist wichtig

Und dann
in kleinen, gezügelten Schritten
voran

Tresor

Manchmal mein wichtigstes Stück
da mir das Weggesperrte

die Luft nicht vergiften
den Raum nicht stehlen
das Genick nicht brechen

kann

Symptom

Der Rufer in der Wüste
unbequem

ruft aus laut:
„Was"

ruft aus laut:
„Wenn"

alle Andren
schweigen

In ihren Händen (Seelenklempnerei)

Sie nimmt aus ihrem Werkzeugkoffer
den allerkleinsten Schraubenzieher

Sie löst behutsam feine Fäden
sie ordnet, legt, verbindet neu

Ich
                bin

      liebens
                            wert

Es
      darf
                mir

      gut
                            gehen

Ich atme zaghaft
tief und frei

Notwendig

Ich weine
ein ganzes Jahr

Soviel
zu betrauern

Es verändert nichts
am Geschehen

aber mich

Verurteilt

Lebenslänglich
trag ich sie

Gemacht aus ihrem Blut
gequält durch ihren Stempel
bin ich verurteilt
lebenslänglich

Ohne Schuld

Am Leben bleiben

Mit Mühe
richte ich mein Leben im Normalen ein
mit Mühe
streiche ich die Wände bunt

Mit Mühe
halte ich ein Lächeln im Gesicht
mit Mühe
widerstehe ich dem Wunsch

Mit Mühe
widerstehe ich
dem Wunsch

Freundin

Ich schnitt mir
von ihrer Zuversicht
eine Scheibe ab

Ich lebte davon
die ganze Woche

für E.

Erschöpft

Ich bin
wie ein rohes Ei
ohne Schale

Alles rührt mich an
und wirft mich um

Ein Hauch ist ein Sturm
ein Blick ist ein Messer
ein Wort - ein Abgrund

Ich bin
wie ein rohes Ei
ohne Schale

Schlafen möchte ich
auf einer Insel aus Licht
in einem Bett von Armen
die mich halten
und sonst nichts

Seelenmark

Früh das Seelenmark verletzt
lange brauchts zum Heilen

wie oft
gelingt es
nicht

Notwendig (2)

Ich weine
ein weiteres Jahr

Soviel
ist verloren

Ich gebe ein Versprechen

Ich
werde mir
Zuhause

Herzverwandt

Wenn Nacht ausbricht in mir
mitten am Tag

Und ich zu ihr laufe
wie ein Kind
dass ich auch bin
und nicht bin

Sie mich tröstet
wie eine Mutter
die sie auch ist
aber nicht die Meine

Dann
kann es langsam wieder
Tag werden

für J.K.

Durch alle Spiegel

Wer ernennt mich?
Wer verstößt mich?
Nur ich selbst

Wer beschimpft mich?
Wer verhöhnt mich?
Nur ich selbst

Niemand kann tun
was ich mir nicht
schon lange getan

          Gedicht für Erwachsene

Richtig gestellt

Gestolpert über
das „muss" in einem Satz
kleines Wort des Terrors
Ichduersiees muss!

Nichts müssen wir
gar nichts müssen wir
außer Essen, Trinken
und aufs Klo!

Hausgemeinschaft

In der Höhle meines Kopfes wohnen wir
ich vorne links
der Rest der Bande weiter hinten

Wohnrecht auf Lebenszeit
Für alle

Es gibt viel zu verhandeln

Ich arbeite mich ab
halte Ordnung
spreche Recht

Manchmal machen sie sich einen Spaß
und erschrecken mich
fürchterlich

Im Nebel

Wer bin ich?
Wenn nicht die
die ich dachte

Was mag ich?
Es war nicht das
was ich tat

Was kann ich?
Wenn es mehr gibt
als kämpfen

Ich denke nach
schreibe Listen
wochenlang

Erbe

Schreiben ist mein Glück

Die goldene Kugel
die ich fand
in dem Rucksack voller Steine

Metamorphose

Ich werde

Langsam blühen aus meinen Zellen
Gedichte
Verwandeln Schmerz in Schönheit

Die reine Sprache
säubert alte Wunden

Leben
beginnt

für J.K.

IV.

Selbst bewusst

Wenn ich weiß
wer ich bin
kann ich wissen
was ich will

Wenn ich nicht weiß
wer ich bin
habe ich
nichts

Keine Hände
keine Füße
keine Augen
keine Ohren
keinen Mund

nichts

Transformation

Aus Scheiße mach Gold

Press das Leiden dicht
bis die Erfahrung kristallin geworden
und Trennendes Verbindung

Adern tief
in unser aller Grund

                Hausaufgabe für Fortgeschrittene

Im fremden Land

Sprache der Lyrik
ureigenster Fluss
Muttersprache
die schon wartete
während ich
herumtaumelte im fremden Land
die Seele stumm

Jetzt
wo ich daheim bin
weiß ich nicht mehr
wo ich war
und warum
nicht bei mir

Hilde Domin gewidmet

Werdung

Ich finde mich
empfinde mich
schlage Wurzeln
im Sein

Ich werde
ich taste
mich in mich
hinein

Erst jetzt
kann ich leuchten

„*Jeder Mensch ist dazu bestimmt, zu leuchten*"
Nelson Mandela

Nicht gut zu machen

Etwas Schlechtes
zu einem guten Ende bringen
meint vielleicht
es anständig
zu Ende bringen

Etwas Schlechtes
anständig zu Ende bringen
ist manchmal
das Einzige
das Alleinige
was bleibt

Zu spät

Nur von ferne
nur von ferne, Vater
seh ich dich

Du bist mir fremdes Land
und Minen lauern
Schritt für Schritt

Ich bin dir fremdes Land
war nie dein Eigen
so wie du dachtest

Ungewohnt

Die Tage gehn vorbei
und tun nicht weh

Sie schlagen nicht
sie beißen nicht
sie tragen keine Waffen

Ich bin vorsichtig

Für alle Fälle

In Frieden

Wer ich bin
Wie ich bin
Was ich kann

Die Stimmen schweigen
der Streit ruht

Stille

Draußen
kann ich die Spatzen hören

Sie zanken sich

Ich und die Bande

Wir ziehen alle
an einem Strang

Das erstes Mal
in meinem Leben

Erstaunlich
wenn Talente sich verbinden

Der Mensch
unteilbare Vielgestalt

Eingeladen

Sie waren nicht böse, nein

Sie gaben mir Essen
und einen Platz am Tisch

Sie lachten und scherzten
hatten Themen

Nur ich

Ich war wie Falschgeld
unter ihnen

Frustriert

Ich sammle kaputt

Ich sammle
kaputte Dinge

Angeschlagen
Aufgerissen
Durchgebrochen

So wie ich

Der Weg
zu den Menschen
ist lang

Empfindlichkeiten

Es ist die Wunde
des ungeliebten Daseins
das Kind
das plötzlich schreit

Es ist die Dünnste
die Dünnste aller Häute
die reißt
wird sie gestreift

Scham

Wir, die wissen

Vom plötzlichen Fall
Vom Sturz in die Nacht
Vom Leben im Wahn

Erkennen einander
und sprechen doch nicht

Die Anderen gehen
und wissen
und sehen
nicht

Vorfreude

So selten
wie die Perle in der Auster

für die
deren Leben schon
zu oft

zerbrochen

Erworbene Schätze

Jede Narbe
macht den Schatz reicher
an Erfahrung

lässt mich tiefer sinken
in die Welt unterhalb

ins Wasser
das uns alle
verbindet

Urkraft

Als man mir
das Herz in kleine Teile riss
blieb der Körper heil
und schleppte mich
durch die Zeit

Tapfere, kleine Füße
die mich weiter trugen
dünne, zähe Hände
die festhielten
am Leben

Und obwohl die Seele müde war
weigerten sie sich
mich zu töten
und brachten mich
in gute Obhut

Später
als man mich fragte
„Wie?"
 sagte ich

„Ich weiß es nicht"

Die Rettung

kann nur ein Mensch sein

Ein Zeuge
kann nur ein Mensch sein

Vertrauen
kann nur ein Mensch geben

und Sicherheit, Liebe und Kraft

Wandlung

Früher war ich Wüste
ungelesen, voll mit seltsamen Gestalten

Später war ich Meer
das Wasser stand mir bis zum Hals

Jetzt bin ich ein Garten
in dem Gedichte blühn

Übermütig

Die Zeit der Schmerzen ist vorbei

Der Tag ist hell
er wird nicht brechen

Die alten Schwerter stumpf
die Angst beißt zahnlos
und ich fühle mich

gesund

Glücksgefühle

Etwas in mir ist ausgebrochen
es läuft durch alle Räume und schreit
es ruft und erzählt und ist nicht zu stoppen
weil es sich so sehr freut

Etwas in mir, das lang Verbannte
darf an die frische Luft
dort kichert und gluckst es, stopft sich voll Essen
berauscht von dem köstlichen Duft

Etwas in mir darf endlich leben
es hat soviel verpasst
es will nicht mehr trauern und sich verkriechen
jetzt wird so richtig geprasst!

Anmerkungen

Die Gedichte sind, bis auf die unten aufgeführten Ausnahmen, zwischen 2009 und 2013 entstanden.

Sie alle wurden im letzten Abschnitt einer langjährigen Psychotherapie geschrieben. Diese war in den ersten Jahren gestalttherapeutischer später tiefenpsychologischer Ausrichtung.

Sie beziehen sich auf einen Zeitraum von fast 50 Jahren.

Ausnahmen:

Mutter 2001
Viele 2001
Langer Atem, undatiert, zwischen 2001 und 2003
Beste Freundin 2003

Diese wurden im Prozess der Buchentstehung nachbearbeitet.

Vom aufkeimenden Selbst zur Selbstwerdung

Nachwort von Beate Steiner, Diplom Psychologin, Psychoanalytikerin, Psychotraumatherapeutin

Als ich zum ersten Mal die Gedichte von Lore Reich las, war ich sehr berührt und beeindruckt von dem, was mir in Gedichtform über leidvolle Kindheitserfahrungen eröffnet wurde und über eine hilfreiche, unterstützende, psychotherapeutische Beziehung, die den Prozess der Selbstwerdung als therapeutischer Geburtshelfer begleitet.

Assoziativ kamen mir beim Lesen sehr bald Donald Winnicotts Ausführungen über das „falsche" und das „wahre" Selbst in den Sinn. Mit diesen Begriffen beschreibt er, wie ein Kind, das keine „ausreichend gute" Umwelt hat, gezwungen ist sich nur zu fügen und alle Regungen möglichst zu unterdrücken. Dabei muss es sein Ureigenstes, „wahres Selbst", seine Lebendigkeit und Kreativität verstecken und im seelischen Untergrund abtauchen lassen. Seelisch krank zu werden, verbunden mit körperlichen und seelischen Symptomen, sind in der Regel der bittere Preis, der dafür gezahlt werden muss, das Eigene zu unterdrücken.

Die Gedichte von Lore Reich können gelesen werden, als Ausdruck dieses verborgenen „wahren Selbst", das sich im Untergrund seine Kreativität und Lebendigkeit bewahrt hat und dem sie schließlich mittels ihrer Gedichte eine beredte Sprache verleiht

Unter Anderem ist dieser Wandlungsprozess in dem Gedicht „Metamorphose" beschrieben.

Ich werde

Langsam blühen aus meinen Zellen
Gedichte
verwandeln Schmerz in Schönheit

Die reine Sprache
säubert alte Wunden

Leben beginnt

Mit Ihren Gedichten gelingt es Lore Reich jenseits von Anpassung und Unterwerfung ihrem „wahren Selbst" eine Stimme zu geben. Diese Stimme verhilft ihr dazu, sich wider alle Scham mit dem zu zeigen, was ihr an Seelenblindheit, Vernachlässigung und seelischer Grausamkeit widerfahren ist und was das in Ihrem Inneren an Verzweiflung, Einsamkeit und tiefer Traurigkeit ausgelöst hat.

Als ihr die seelischen Verletzungen unerträglich erschienen und der „Richter Gnadenlos" überall lauerte, wollte sie sich sogar das Leben nehmen. Auch darin ist der Aufschrei des „wahren Selbst" zu hören: Aus dem Gefängnis der erzwungenen Unterwerfung und Gefügigkeit sich endlich nicht mehr abgrundtief schlecht zu erleben. Ausbrechen und sich das eigene selbstbestimmte, lebenswerte Leben zu nehmen, somit gar nicht wirklich sterben, sondern das falsche Selbst abschütteln zu wollen.

Je mehr sich die Lyrikerin in die „Nachttaggleiche" verwoben erlebt und schreit:„Nicht ich, nicht ich zerschlug den Tag/ der Vater brach den Himmel", umso mehr krümmt sich „Zeit" „und „erbricht" und in ihr reift die Erkenntnis, dass sie alleine den Tanz „Auf Messers

Schneide" nicht zu ihrem Wohl wird beenden können. In diesem Stadium des aufkeimenden Selbst, so möchte ich die erste Serie der Gedichte bezeichnen, macht sich Lore Reich auf die Suche nach einer Psychotherapeutin. Denn obwohl sie „Winter" in sich spürt und „Raureif" ihr Gesicht bedeckt, muss es immer wieder Hoffnung auf Frühling, gespeist von ihrer verborgenen Lebendigkeit und damit auf einen Neubeginn gegeben haben; „Draußen startet ein Heer von Knospen".

Glücklicherweise begegnet sie einer Psychotherapeutin, die offene Sinne für das verborgene, „wahre Selbst" dieser Patientin hat. Dadurch geling es Lore Reich, wider aller Übertragungsängste und allem Misstrauen, die Psychotherapeutin könnte sich doch als unterdrückend, Anpassung fordernd und seelenblind für ihre Wünsche und Bedürfnisse erweisen, sich mehr und mehr zu öffnen. Zunächst vorsichtig, dann immer mutiger beginnt sie ihr „wahres Selbst" zu entdecken und zu zeigen, ihre ganze kreative Potenz zu entfalten und langsam zu sich selbst zu finden, so trefflich ausgedrückt unter Anderem in „Im fremden Land" und „Werdung".

Möge dieser wunderbare Prozess der Selbstwerdung, die dem Leser vermittels der beredten, feinsinnigen und ausdrucksstarken Gedichte vor Augen geführt wird, ihn bereichern und berühren, da er teilhaben darf an der Geburt des „wahren Selbst".

Inhaltsverzeichnis

Besondere Jahre

I.

Frisch geschlüpft	9
Zuhause	10
Bericht an niemand	11
Der Vater	12
Die Mutter	13
Viele	14
Die Kunst des Überlebens	15
Wünsche	16
Gesellschaft	17
Abseits	18
Trost los	19
Einladend	20
Inseln	21
Langer Atem	22

II.

Außer Takt	25
Artgenossen	26
Mobile	27
Wieder und wieder	28
Überall	29
Absolut	30
Kein Wort	31
Das Fest	32
Freier Fall	33
Akut	34
Alp	35
Nachttaggleiche	36
Auf Messers Schneide	37

III.

Tollkühn	41
Der Weg zu den Menschen	42
Notfallplan	43
Tresor	44
Symptom	45
In ihren Händen	46
Notwendig	47
Verurteilt	48
Am Leben bleiben	49
Freundin	50
Erschöpft	51
Seelenmark	52
Notwendig (2)	53
Herzverwandt	54
Durch alle Spiegel	55
Richtig gestellt	56
Hausgemeinschaft	57
Im Nebel	58
Erbe	59
Metamorphose	60

IV.

Selbstbewusst	63
Transformation	64
Im fremden Land	65
Werdung	66
Nicht gut zu machen	67
Zu spät	68
Ungewohnt	69
In Frieden	70
Ich und die Bande	71
Eingeladen	72
Frustriert	73
Empfindlichkeiten	74
Scham	75
Vorfreude	76
Erworbene Schätze	77

Urkraft	78
Rettung	79
Wandlung	80
Übermütig	81
Glücksgefühle	82
Anmerkungen	85
Nachwort	86